# DIE MAGISCHE WELT

# VON DRAGOR

I0558974

## Kathy Kurk

# Inhalt

# Widmung

Dieses Buch wurde für Ryan geschrieben, mit viel Liebe von Mama. Erinnere dich immer an die guten alten Zeiten, als wir im Bett lagen, kuschelten und uns versöhnten oder Geschichten erzählten. Fantasie ist etwas Wunderbares. Werde erwachsen, aber gib niemals auf.

# Danksagung

Vielen Dank zuerst an die Mobber meines Sohnes Ryan in der 6. Klasse. Ohne euch hätte ich diese Geschichte nicht geschrieben. Auch an Ryan, Danke, dass ich dir in dieser schweren Zeit helfen durfte, als du dachtest, die Welt sei gegen dich, und dass ich dir eine Geschichte erzählen durfte, um dir zu helfen.

Dika Budi N, vielen Dank für die Zusammenarbeit mit mir und die Erstellung der Illustrationen. Du warst professionell und sehr hilfreich für mich in meinem ersten Buch. Ich möchte meiner Mutter dafür danken, dass sie mir gesagt hat, dass es eine gute Geschichte ist und ich sie veröffentlichen sollte. Es hat Jahre gedauert, aber ich habe es geschafft, Mama, und ich weiß, du hättest nicht gedacht, dass ich diejenige in der Familie sein würde, die ein Buch veröffentlicht. Ich möchte meinem Mann dafür danken, dass er mich bei allem, was ich tue, unterstützt und mir ehrlich gesagt hat, dass ich das tun soll, was ich für richtig halte, und nicht das, was andere von mir wollen.

Danke, Gott, dass du meinen Sohn sicher und bei klarem Verstand gehalten hast, um sich nicht selbst zu verletzen, als seine Klasse gegen ihn war, und dass du dich geöffnet hast und mich helfen ließest.

Danke an Logan und Nicholas, die beiden guten Freunde, die ihm auch durch diese Zeit geholfen haben. Du auch, Charlotte. Außerdem sind Kerry und Jen die Mütter, die ihre Söhne spielen und ablenken lassen und in seinen schweren Zeiten mit ihm befreundet bleiben. Wir werden immer eine Familie sein, ich liebe euch.

Ein besonderer Dank geht an Thomas für seine Hilfe bei der deutschen Übersetzung und dafür, dass er mir geholfen hat, es Mutti und Papi zu ermöglichen, Teil dieser Reise zu sein.

# Über die Autorin

Hallo, mein Name ist Kathy. Ich bin Mutter eines wunderbaren Jungen namens Ryan, der in der Schule nicht nur einmal, sondern zweimal gemobbt wurde. Das erste Mal war in der 6. Klasse, als ich ihm abends diese Geschichte schrieb, um ihm beim Einschlafen zu helfen und ihm beizubringen, dass Mobber Mobber sind, aber dass er der Gewinner ist und dass echte Freunde nicht mobben. Das zweite Mal war er älter, und in beiden Fällen existierte die „Null-Toleranz-Regel" – nun, ich kann sagen, dass es sie in zwei Bezirken und an zwei verschiedenen Schulen nicht gibt; Sie haben nichts für meinen Sohn getan und die Mobber begünstigt.

Die Eltern der Schule haben Angst, verklagt zu werden oder was auch immer, also tun sie nichts. Ich werde nicht ins Detail gehen, aber ich habe jedes Mal etwas gelernt, was ich tun sollte, wenn es wieder passiert – Gott sei Dank ist das nicht geschehen. Außerdem sind Sie nicht allein; Holen Sie sich bei Bedarf Hilfe, wenn Sie sie brauchen. Mobbing betrifft nicht nur das Kind, sondern auch die Familie.

Wenn Ihr Kind gemobbt wird seien Sie für ihn oder sie da, als Schulter zum Ausweinen und zum Zuhören. Es kann einige Zeit dauern, bis er oder sie sich öffnet, aber an dem Abend, an dem Ihr Kind sagt: „Mama, ich habe mich gefragt, ob ich wegen der Mobber vermisst werden würde", halten Sie ihn oder sie fest und tun Sie, was Sie können, um ihm zu helfen. Ich erzählte ihm diese Geschichte, kuschelte mich jeden Abend an ihn, bis er einschlief, und ließ ihn wissen, dass ich ihn vermissen würde und noch so vieles mehr. Ich hielt ihn fest und betete viel und hoffe, dass es eines Tages keine Mobber mehr gibt. Holen Sie ihnen Hilfe, und wenn das nicht möglich ist, lassen Sie sie wissen, dass sie nicht allein sind.

Beim zweiten Mobbing habe ich schließlich der Schule gesagt: „Wenn sie sich meinem Sohn noch einmal nähern, komme ich nicht allein zu Ihnen, sondern mit der Polizei." Es wird schlimm, ob gemobbt oder nicht. Umarmen Sie Ihre Kinder, hören Sie ihnen zu, wenn sie zu Ihnen kommen, und genießen Sie jeden Moment. Ich habe ein Buch geschrieben. Mit meinem Sohn, für meinen Sohn. Wenn Ihr Kind gemobbt wird, suchen Sie sich etwas für Sie beide aus und nehmen Sie sich, wie oben beschrieben, Zeit, um ihm zu zeigen, dass er oder sie geliebt wird und für immer geliebt werden wird. Ryan bat mich um ein zweites Buch nach diesem. Ich habe geschrieben, worum er mich gebeten hat. Schätzen Sie alles.

Wenn Sie daran glauben, können Sie die magische Welt von Dragor sehen. Wenn Sie sich auf die lange Reise begeben, werden Sie viele Freunde finden, die Ihnen auf Ihrem Weg helfen. Einer dieser Freunde ist Joseph, der magische blaue Drache. Er wird Sie auf Ihrer Reise durch viele verschiedene Welten und Orte von Dragor begleiten.

# Kapitel 1
# Der Anfang

Ryan war ein kleiner Junge, der jede Nacht dachte, dass ein Dinosaurier unter seinem Bett sei.

Es war jedoch kein Dinosaurier, sondern Joseph, der magische blaue Drache. Er war da, um Ryan dabei zu helfen, in eine neue Welt zu springen, in der alles möglich ist.

Unsere Geschichte beginnt in einer Nacht, als Ryan Joseph findet und feststellt, dass er kein Dinosaurier ist, sondern sehr freundlich. Nach ein paar Minuten erzählt Joseph Ryan von einem weit entfernten magischen Land namens Dragor.

Ryan fragte: „Wo ist Dragor?"

Joseph antwortete: „Dragor ist ein Land, das du dir in deinem Kopf ausdenkst. In Dragor kann alles passieren."

„Können wir dorthin gehen?", fragte Ryan. „Natürlich können wir das, du hast es dir ausgedacht, also lass uns gehen."

Also sprang Ryan auf Josephs Rücken und sie flogen los ins Land Dragor.

# Kapitel 2
# Dragor

Joseph sagte: „Oh, schau mal, wir sind da", als er auf einer seltsamen kleinen Insel landete.

„Joseph, wohnst du hier?", fragte Ryan. „Ja, aber obwohl ich hier Freunde habe, müssen wir auch auf andere achten, die nicht so freundlich sind."

„Na gut", sagte Ryan, „das wird schon gut gehen. Ich werde mich mal umsehen."

„Okay, aber bitte sei vorsichtig. Ich habe gehört, dass Harold die Monsterschlange, auf der Insel ist, und er ist überhaupt nicht freundlich. Er erschreckt gerne kleine Jungen wie dich."

„Keine Sorge, ich werde aufpassen", sagte Ryan und machte sich auf den Weg ins Land Dragor.

Dragor war ein magisches Land voller Schönheit, aber Ryan spürte, dass es auch etwas Dunkles gab.

# Kapitel 3
## Ryan trifft seinen ersten Freund, Leo

Als Ryan einen Pfad entlangging, folgte er dem Geräusch von Wasser. Es war wie im Dschungel, überall standen Bäume. Die Sonne konnte kaum durch das Blätterdach dringen.

Ryan ging weiter, aber dann hörte er plötzlich etwas und spürte eine Berührung an seiner Schulter. Er blieb abrupt stehen und sah sich um, aber er hörte nichts mehr und konnte auch nichts sehen.

Der Weg wurde etwas breiter, und als Ryan das Ende des Waldes erreichte, blieb er stehen. Etwas hatte erneut seine Schulter berührt. Er drehte sich so schnell er konnte um, sah aber nichts. Langsam drehte er sich wieder um und sah direkt vor sich einen wunderschönen Wasserfall, der in einen kristallklaren See mündete. Aber dann schaute er nach unten und sah dort ein kleines Äffchen.

Ryan wusste nicht, was er tun sollte, also beschloss er, sich hinzusetzen und sich dem Affen ein wenig zu nähern.

Ryan sagte: „Hallo, mein Name ist Ryan, und ich bin freundlich. "

Der Affe lächelte und sagte: „Hallo, mein Name ist Leo. Es tut mir leid, wenn ich dich vorhin erschreckt habe, ich wollte nur herausfinden, ob du nett bist oder nicht. "

Ryan und Leo saßen eine Weile da und schauten sich den Wasserfall an. Leo fragte Ryan, was er mache. Ryan sagte: „Ich bin neu hier und werde die Insel Dragor erkunden. "

Leo antwortete sofort. „Oh, ich könnte dich über die Insel führen. Ich kenne sie gut und kann versuchen, dich von Harold fernzuhalten; er ist sehr gemein. Er hat einmal versucht, mich zu fressen, aber ich bin ihm entkommen und halte mich jetzt weit von ihm fern. "

Ryan sagte: „Klar, du kannst mir bei der Erkundung helfen. Lass uns etwas Wasser trinken und dann zu den Bergen dort drüben aufbrechen. "

# Kapitel 4
# Die Bergregion

Als Leo und Ryan sich auf den Weg in Richtung Berge machten, verwandelte sich die offene Ebene in sehr hohes Grasland. Leo sprang auf Ryans Schulter. Ryan drehte den Kopf und fragte Leo, was los sei. Leo sagte: „Ich mag das hohe Grasland nicht. Man kann hier nicht gut sehen und weiß nie, was um einen herum ist."

Leo begann ein wenig zu zittern, und Ryan blieb erneut stehen und fragte, was los sei.

Leo sagte: „Hast du das nicht gehört?" Ryan sagte: „Nein, was?" Dann saßen sie still da, ganz still, eine Minute lang, und hörten ein Knurren. Es war ganz in ihrer Nähe. Sie fragten sich, was das sein könnte, denn das Gras war so dicht, dass sie nichts sehen konnten. Sie wussten, dass es nicht Harold, die Schlange, war, denn Schlangen zischen.

„Vielleicht ein Löwe", sagte Ryan. „Das ist nicht gut. Wir sollten langsam gehen und aufmerksam Ausschau halten, bis wir aus diesem dichten Gras heraus sind. "

Sie gingen im Zickzack. Weil Ryan dieses Gefühl hatte, würden sie vielleicht dem ausweichen können, was dieses Geräusch verursacht hatte. Als sich das Gras am Fuße der Bergkette lichtete, waren sie erleichtert. „Wir haben es aus dem Gras herausgeschafft, und ich höre nichts mehr. Du auch, Leo? "

Leo sagte: „Nein, ich höre jetzt nichts mehr. "

Sie erreichten den Fuß des Hügels und setzten sich unter einen Baum. „Wir sollten heute Nacht hier bleiben und morgen weiterklettern", sagte Ryan. Ryan baute eine kleine Hütte auf dem Boden, und Leo sagte: „Oh nein, ich bleibe heute Nacht oben im Baum. Unten auf dem Boden gibt es zu viele Tiere."

Als Leo auf einen Ast kletterte, hörten sie etwas aus dem Gras kommen. Ryan versteckte sich in seiner Hütte und spähte aus der Tür, während Leo oben im Baum blieb. Plötzlich sprang ein Tiger aus dem Gras. „Aha!" sagte der Tiger. „Ich habe Euch gefunden! Ich habe Euch den ganzen Tag verfolgt, aber Ihr seid ständig weitergezogen."

Mit zittriger Stimme sagte Ryan: „Wirst Du mich fressen?" Der Tiger sagte: „Oh nein, ich wollte nur herausfinden, was dieser neue Geruch ist. Ich werde Dich nicht fressen. Mein Name ist Stripes. Ist es in Ordnung, wenn ich die Nacht bei dir bleibe? Ich kann Dich vor anderen beschützen. "

„Klar ", sagte Ryan, „aber du wirst meinen Freund Leo auch nicht fressen, oder?"

„Wer ist Leo? ", fragte der Tiger. „Leo ist mein Freund, der Affe, schau nach oben. "Stripes schaute nach oben. „Nein, nein, ich werde Deinen Freund Leo nicht fressen. Ein Freund von Dir ist auch ein Freund von mir. "

Leo kletterte vom Baum herunter und setzte sich direkt neben Ryan und den Tiger. Das war für beide das erste Mal, dass sie einem Tiger so nahe kamen. Ryan erklärte, dass Leo und er die Insel erkunden wollten und ein Stück den Berg hinaufsteigen wollten, um eine bessere Aussicht zu haben.

„Oh ", sagte Stripes, „ich kann Euch helfen, den Berg hinaufzukommen. Es gibt einige bessere Wege und auch einige schwierige. Wenn ihr nicht wisst, wo ihr langgehen müsst, könntet ihr auf dem falschen Weg landen und feststecken."

„Es wäre wunderbar, wenn Du uns helfen könntest", sagte Ryan.

„Ein Tag auf Dragor, und ich habe schon zwei Freunde." Sie legten sich alle hin und schliefen ein.

# Kapitel 5
# Der Aufstieg

Es war eine sehr kalte Nacht, und als die Sonne langsam aufging, bemerkten Ryan, Leo und Stripes, dass sie sich aneinander gekuschelt hatten, um sich warm zu halten. „Guten Morgen", sagten sie alle. Ryan stand auf, streckte sich und steckte dann seine Hände in seine warmen Taschen.

„Autsch!" Leo sprang auf, und Stripes fragte: „Was ist los?"

Ryan zog seine rechte Hand aus der Tasche und sagte: „Etwas hat mich gestochen. Moment, da ist etwas in meiner Tasche." Er warf seine Jacke ab und legte sie auf den Boden. Die Jacke bewegte sich langsam. Ryan wich ein wenig zurück und sah zu, wie ein kleiner Igel seinen Kopf unter seiner Jacke hervorstreckte.

Der Igel streckte seine kleinen Beine und Arme aus und schüttelte sich. „Entschuldigung, Entschuldigung, mein Name ist Brian. Mir war letzte Nacht so kalt, und ich habe gesehen, wie Ihr Euch alle aneinander gekuschelt habt. Ich dachte mir, es würde Euch nichts ausmachen, wenn ich mich auch zu Euch kuscheln würde. Ich fand Eure Tasche sehr, sehr warm. Ich wollte Euch nicht wecken, also bin ich einfach hineingekrochen. Ich hoffe, es macht Euch nichts aus, und entschuldigt, dass ich Dich gestochen habe. Ich habe geschlafen und Ihr habt mich erschreckt."

„Kein Problem", sagte Ryan, „das ist Leo, und das ist Stripes. Wir reisen zusammen durch Dragor."

„Oh, darf ich auch mitkommen?", fragte Brian.

„Klar", antworteten sie alle. Also wärmten sie sich alle ein wenig auf, holten sich etwas zu essen und machten sich auf den Weg den Berg hinauf.

Als sie nach stundenlangem Aufstieg endlich den Gipfel erreichten, nahm Ryan Brian und Leo, die den größten Teil des Weges auf Stripes geritten waren, hoch. Jetzt konnten sie die Insel besser sehen. „Hey, schaut mal, da sind die Sümpfe, da ist der Wasserfall und der Dschungel, und dort drüben ist der Strand."

Leo sagte sofort: „Lasst uns am Strand ein bisschen Sonne tanken. Harold, die Schlange, mag den Strand nicht so sehr." Aber in der Ferne, im Sumpfgebiet, war ein leichtes Leuchten zu sehen.

Ryan fragte sich, was das sein könnte. „Nein", sagte Ryan, „ich würde gerne weiter zum Sumpf."

„Die Sümpfe", rief Leo, „aber dort hält sich Harold mit Sicherheit auf."

„Das ist mir egal", sagte Ryan, „ich kann mich um Harold kümmern, und ich habe dort etwas glimmen sehen und möchte wissen, was es ist."

„Okay", sagte Stripes, „ich komme mit, aber wir müssen vorsichtig sein. In den Sümpfen gibt es viele gruselige Dinge."

Also stiegen sie den Berg hinunter und machten sich auf den Weg zum Sumpf. Sie würden Stunden brauchen, und es würde schon fast dunkel sein, wenn sie dort ankamen. Also beschlossen sie, dort zu campen und am nächsten Morgen auf Erkundung zu gehen. Die Reise war beschwerlich, als sie den Berg hinabstiegen, durch das hohe Gras und weiter zum Sumpf. Sie hatten keine Ahnung, wem oder was sie begegnen würden, aber Ryan war sich einer Sache sicher. Er hatte etwas Glitzerndes gesehen, und das war ein Zeichen, dass er in diese Richtung gehen sollte, zumindest dachte er das.

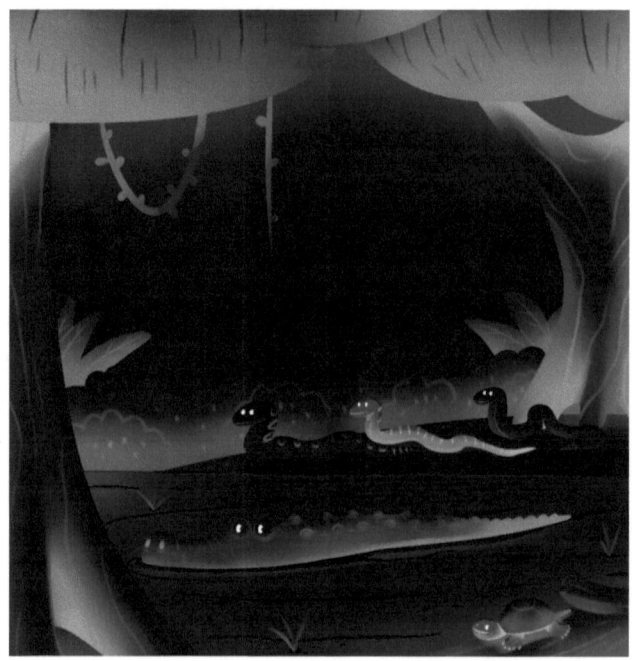

Sie erreichten den Rand des Sumpfgebiets, und da es langsam dunkel wurde, suchten sie sich einen sicheren Platz neben einem großen, alten, ausgehöhlten Baum.

Ryan beschloss, dass er ein Feuer machen würde, da es sich um einen Sumpf handelte und nachts mehr Tiere und Mücken unterwegs sein würden. Er hatte einen Feueranzünder in seiner Tasche, und sein Vater hatte ihm beim Camping gezeigt, wie man ihn benutzt. Also sammelte Ryan Holz und entfachte ein Feuer. So würde die Nacht für die Gruppe von Freunden zumindest heller und wärmer werden.

Es war eine lange Nacht mit vielen neuen Geräuschen für Ryan. Er schlief nicht gut, aber er war am Morgen bereit, weiterzugehen.

# Kapitel 6
# Der Sumpf

Ryan öffnete die Augen und sah sich in einem Sumpfgebiet wieder, das von allen möglichen Geräuschen erfüllt war und überall, wohin man blickte, grün war. Sie waren am Vorabend so spät dort angekommen, dass er es nicht richtig sehen konnte.

Ryan, Leo, Brian und Stripes gingen zum großen Gewässer, um sich umzusehen. Dort sahen sie bläuliches Wasser, umgeben von Bäumen und grasbewachsenen Feuchtgebieten. Es gab auch viele Tiere. Sie hielten sich vom Ufer fern, weil sie in der Mitte einen großen Alligator gesehen hatten.

Auf der anderen Seite befand sich eine kleine Insel, auf der sie drei Schlangen entdeckten. Direkt neben ihnen, auf einem kleinen Landstreifen, saß eine Schildkröte. Überall, wohin man blickte, wimmelte es von Leben. Der Sumpf war voller Leben.

Ryan begann darüber nachzudenken, was er auf dem Berggipfel gesehen hatte, den Schimmer. Er versuchte sich vorzustellen, wo dieser sein könnte, setzte sich hin und zeichnete auf den Boden. Er kam zu dem Schluss, dass der Schimmer von Schlangeninsel kam. Ryan fragte die anderen: „Glaubt ihr, es wäre in Ordnung, zur Schlangeninsel hinüberzugehen?"

Stripes antwortete: „Oh, diese Schlangen dort werden Euch nichts tun. Wir müssen nur auf Harold aufpassen."

„Okay."

„Also", sagte Ryan dann, „wie kommen wir dorthin?"

Leo sagte: „Mit einem Boot!" „Wir haben kein Boot", sagte Ryan, „aber wir könnten ein Floß bauen."

Also arbeiteten die Freunde zusammen und bauten ein Floß. Sie paddelten zur Schlangeninsel hinüber, und Ryan suchte und suchte, bis er fand, was er gesehen hatte. Es waren Edelsteine, eine ganze Handvoll davon.

Ryan sammelte sie ein und fragte sich, wie sie so tief in den Sumpf gelangt waren. Als Ryan den letzten blauen Edelstein aufhob, hörte er ein Zischen.

„Was machst Du da?", kam es hinter einem Felsen hervor. Zischen. „Wer bist Du?" Zischen. Ryan konnte nichts sehen, aber er hörte es und wusste, dass es eine Schlange war. Er sah sich um, doch die anderen waren bereits auf dem Weg zurück zum Floß.

Ryan sagte: „Hallo, komm heraus, damit ich dich sehen kann." Ryan erinnerte sich daran, dass Stripes gesagt hatte, die Schlangen auf dieser Insel könnten ihm nichts anhaben. Aber bevor er sich an den zweiten Teil erinnerte, kam eine riesige Schlange heraus, eine Monsterschlange. Sie sagte: „Zisch, mein Name ist Harold."

Ryans Gesicht verzerrte sich vor Angst. Er hatte noch nie zuvor eine so große Schlange gesehen. Er hatte von Harold gehört, viel zu viel von Harold. Er wollte nicht, dass Harold merkte, wie viel Angst er hatte.

„Also", sagte Ryan, „Hallo Harold, ich bin Ryan. Ich war oben auf dem Berg und habe einen Schimmer gesehen. Er hat mich hierher gerufen, wo ich diese Edelsteine gefunden habe. Ich hoffe, das macht Dir nichts aus."

„Zisch", sagte Harold, „was soll es mir schon ausmachen, dass du Edelsteine mitnimmst? Die bedeuten mir nichts." Ryan begann sich besser zu fühlen, aber in diesem Moment richtete sich Harold auf und sagte: „Aber, zisch, es macht mir etwas aus, wenn Leute in meinem Gebiet sind."

Ryan merkte, dass Harold von Minute zu Minute wütender wurde, also sagte er: „Entschuldigung, Mr. Harold, ich wusste nicht, dass dies Ihr Revier ist", und rannte immer schneller zum Floß. Er rief nach vorne: „Los, los, bringt das Floß in Gang, Harold ist hier!" Also schoben Stripes und die anderen das Floß gerade noch rechtzeitig vom Ufer weg, als Ryan darauf sprang.

Sie drehten sich alle um und sahen Harold hinter sich hergleiten, aber zum Glück für Ryan waren die Freunde schneller. Harold zischte: „Ich werde dich finden, kleiner Junge, und ich werde dich kriegen!"

Ryan sagte: „Lasst uns hier verschwinden", und sie paddelten alle, so schnell sie konnten. Sie wussten, dass sie schnell aus dem Wasser und dem Sumpf herausmussten, denn sobald Harold das Wasser erreichte, würde er sie einholen können, und das wäre nicht gut.

Sie schafften es auf die andere Seite, sprangen herunter und kletterten auf Stripes, der so schnell er konnte, rannte. Sie rasten durch das hohe Grasland und den ganzen Weg bis zum Strand auf der anderen Seite der Insel. Sie hielten nicht einmal an, um zu sehen, ob Harold ihnen folgte, denn Leo und Stripes wussten, dass Harold kommen würde. Er würde sie jagen. Harold war immer der König von Dragor gewesen, oder zumindest dachte er das.

# Kapitel 7
# Der Strand

Sie waren Harold vorerst entkommen. Stripes wusste, dass es ihm gut gehen würde. Aber er wusste auch, dass Harold die ganze Insel nach Ryan absuchen würde, bis er ihn gefunden hätte.

Sie liefen am Strand auf und ab und überlegten, was sie tun sollten. Dabei stießen sie auf eine kleine rote Krabbe.

„Hey, hey, passt auf uns kleine Kerle auf", sagte sie.

„Entschuldigung", sagten Ryan und die anderen. Die Krabbe, bekannt als Reds, bemerkte, dass sie nachdenklich waren und fragte: „Was ist los?"

Ryan sagte: „Nun, wir waren im Sumpf und sind Harold begegnet, und jetzt ist er hinter mir her. Wir überlegen, wo ich hingehen kann, damit er mich nicht findet."

„Oh", sagte Reds, „wie wäre es mit meinem Zuhause, dem Ozean?" „Der Ozean", sagte Ryan. „Nun, ich kann unter Wasser nicht atmen und ich kann auch nicht sehr lange schwimmen."

„Kein Problem", sagten Reds und Stripes.

Leo sagte: „Ein großes Problem."

„Nein, ist es nicht", sagte Reds. „Folgt mir."

„Wisst Ihr, vor einiger Zeit gab es ein Forschungsteam, das den Ozean auf Leben untersuchte. Eines Tages sind die Leute in Eile abgereist und haben diese kleine Maschine zurückgelassen. Sie haben sie ständig benutzt und konnten damit problemlos unter Wasser leben. Folgt mir, sie steht gleich um die Ecke."

Sie fragten sich, wohin Reds sie führen würde. Als sie um die Ecke bogen, sahen sie es: ein kleines gelbes U-Boot.

„Das würde funktionieren, wenn es gut funktioniert", sagte Ryan. Leo sprang an Bord und begann sich umzusehen. Brian sagte: „Ich komme mit Euch mit. Ich bin klein und nehme nicht viel Platz weg."

Stripes sagte: „Tut mir leid, aber ich mag keine engen Räume und kein Wasser. Ich bleibe hier auf der Insel. Dort seid ihr sicher, weit weg von Harold."

Ryan sah Stripes mit traurigen Augen an. Er wusste, dass dies Abschied bedeutete. Er rannte hinüber, umarmte Stripes fest und sagte: „Wirst du hier alleine zurechtkommen?"

Stripes lächelte: „Klar, kein Problem, und ich bin nicht alleine. Ich werde zurück in den Dschungel gehen und meine Familie suchen."

„Familie", sagte Ryan. „Oh ja, ich habe eine wundervolle Familie", sagte Stripes. „Meine Frau wird jeden Tag ihr Kind zur Welt bringen. Ich war auf der Jagd, als ich Euch gefunden habe. Ich wollte helfen, das war keine große Sache. Jetzt habe ich eine Geschichte zu erzählen, wenn ich zurückkomme."

Ryan sprang an Bord des U-Boots und sah es sich an. „Für mich sieht es gut aus." Er setzte Brian neben das Steuerrad, direkt neben ein kleines Fenster. „Leo", sagte er, „mal sehen, ob wir das Ding zum Laufen bringen können."

Der Motor brummte. Er lief. Sie kletterten nach oben, wo die Luke noch offen war, verabschiedeten sich von Stripes und dankten ihm noch einmal für seine Hilfe. „Okay, Reds, spring rein", sagte Ryan. Reds sagte: „Nein, das ist okay, mir geht es gut und hier draußen im Wasser sogar noch besser. Ich zeige Euch alles, folgt mir einfach."

Also schlossen sie die Luke und tauchten hinab, hinab ins Meer, und Stripes kehrte zu seiner Familie zurück.

# Kapitel 8
# Der blaue Ozean

Als sie losfuhren, sagte Ryan: „Hoffen wir, dass nichts undicht ist.“

Leo verzog das Gesicht und sagte: „Weißt du, Affen mögen auch kein Wasser.“

„Keine Sorge, Leo, wir werden es langsam angehen lassen und diesen kleinen Kerl testen.“

Als sie unter Wasser tauchten, sahen sie eine völlig neue Welt. Eine Welt, die sie noch nie zuvor gesehen hatten. Denn Ryan war noch nie unter der Meeresoberfläche, und Leo und Brian sicherlich auch nicht.

Als sie sich dem Meeresgrund näherten, schauten sie alle voller Ehrfurcht aus den Fenstern. Dies war eine weitere wundervolle Welt, die ebenfalls voller Leben war. Als sie sich umschauten, sahen sie Fische, Krabben, Korallen, Seetang, das Licht von oben, und dann sagte Leo: „Oh, schaut mal, ein Seestern. Ich habe mich immer gefragt, wie die wohl aussehen."

Reds schwamm vor dem Fenster, aus dem Ryan hinausschaute, und sagte: „Okay, ich möchte Euch nur sagen, dass das alles wunderschön und schön ist, aber genau wie oben an Land gibt es auch hier unten beängstigende, böse Dinge. Wir müssen also aufpassen. Ich möchte nicht jemandes Mittagessen werden, wisst Ihr."

Reds führte sie im Meer herum, und sie kamen zu einem Seetanggarten. Dort bewegte sich etwas, und zuerst konnten sie nicht erkennen, was es war. Sie näherten sich ein wenig, aber nicht zu sehr, da der Seetang den Motor verstopfen könnte und sie dann stehen bleiben und dort stecken bleiben würden. Der Seetang bewegte sich weiter, und heraus kam ein kleiner Seeotter. Leo sprang zurück, als er direkt vor seinem Fenster auftauchte.

Ryan lachte und sagte: „Leo, du musst keine Angst haben, hier kann er dir nichts tun."

„Hey, wo ist Reds hin?", sagte Ryan. Dann hörten sie ein leises Klopfen an der Hintertür. Sie schauten hin, und Reds schrie: „Lasst mich rein, lasst mich rein, sonst werde ich zum Mittagessen." Sie öffneten die Heckklappe. Sie führte zu einem Raum, der mit Wasser gefüllt war. Als sich die Klappe schloss, lief das Wasser ab und sie konnten die Tür zur Hauptkabine öffnen. Reds fühlte sich besser. „Ich bleibe jetzt hier. Hier bin ich sicherer. Mann, oh Mann, ich hätte wirklich zum Mittagessen werden können."

Sie schauten alle aus dem Fenster und da tauchte wieder der kleine Otter auf. Er schwamm und spielte herum. „Otter spielen sehr gerne", sagte Reds, „aber sie essen auch gerne. Er wird an die Oberfläche kommen, um zu fressen."

Sie blieben eine Weile und beobachteten, wie der Otter herumschwamm, mit ihnen Verstecken spielte und schließlich eine Muschel fing und an die Oberfläche kam, um sie zu fressen.

# Kapitel 9
# Der Abstieg

„Lasst uns ein Stückchen in diese Richtung gehen", sagte Reds. „Wir müssen vorsichtig sein und langsam gehen. Hier ist die Abbruchkante. Hier öffnet sich das Meer weit, und es gibt viel offenen blauen Ozean. Hier findest Du größere Fische."

„Oh", sagte Brian. „Können wir einen Hai sehen?"

„Einen Hai, Nun ja, ich denke schon, aber du solltest besser hoffen, dass er freundlich ist, sonst könnten wir in Schwierigkeiten geraten."

„Oh Mann", sagte Ryan, „ich würde gerne einen Hai sehen, das wäre so cool."

Also machten sie sich auf den Weg zum Abhang. Als sie näher kamen, konnten sie sehen, dass es immer weniger Fische gab.

Reds sagte: „Das liegt an den größeren Fischen und den Fischernetzen. Seht Ihr, im offenen Wasser ist Platz für Netze und große Fische zum Schwimmen. Große Fische fressen kleine Fische. Deshalb bleiben die kleinen Fische eher in den Untiefen und Riffen."

Sie kamen an den Rand und schauten hinunter. Sie konnten nur ein paar Meter tief sehen, da es immer dunkler wurde.

„Lasst uns hier sitzen und aus dem unteren Fenster schauen", sagte Brian. „Vielleicht können wir etwas sehen."

Sie setzten sich alle um ein Fenster herum und schauten hinunter.

Leo sagte: „Nun, das sieht wirklich tief aus."

„Oh, das ist es auch", sagte Reds, „aber die Höhlen sind noch tiefer."

„Tiefer als das?", fragte Leo. „Oh ja, und du willst nicht in die Höhlen fallen, dort leben noch größere Tiere."

Während sie warteten und warteten, wurde Leo langweilig und er schlief ein. Dann kam aus dem Nichts ein lauter Knall, und die anderen schrien auf. Leo wachte erschrocken auf: „Was habe ich verpasst?", fragte er, während die anderen versuchten, aus den Fenstern zu schauen. „Seht Ihr etwas?",

fragte Brian. „Nein", sagte Reds, „siehst Du etwas, Ryan?"

„Was sehen, was sehen?", fragte Leo.

Dann sagte Ryan: „Da ist es, kommt her." Brian, Reds und Leo rannten hinüber, und direkt vor dem Fenster, nur wenige Meter entfernt, schwamm ein großer alter Hai.

„Wow!", sagte Brian, „er ist größer, als ich gedacht habe."

„Ja", sagte Reds, „und er ist immer noch nicht das größte Tier hier unten." Aber bevor Reds noch etwas sagen konnte, war der Hai direkt vor der Scheibe und sagte „Danke" zu Brian.

Brian zitterte ein wenig, denn er war ein kleiner Igel, und da war ein riesiger Hai. Der Hai sagte: „Keine Sorge, Kumpel, ich werde Dir nichts tun. Ziemlich cool, ich wollte schon immer mal einen Igel sehen."

Brian lächelte und sagte: „Hallo." Er fragte den Hai, wie er heiße.

Der Hai antwortete: „Ich heiße Max. Wie heißt ihr?"

„Ich bin Brian. Das sind Reds und Ryan." Leo kam hinter Ryan hervor: „Und das ist Leo."

„Hallo", sagte Max. „Ich habe Euch nicht gesehen. Wisst Ihr, ich seid aus der Dunkelheit. Es dauert ein bisschen, bis man etwas besser sehen kann. Tut mir leid, wenn ich Euch wehgetan habe."

„Du hast uns überhaupt nicht wehgetan", sagte Ryan. „Wir haben uns nur erschreckt. Wir haben Dich auch nicht kommen sehen, und dann warst Du plötzlich da. Wir wollten einen Hai sehen. Wir haben noch nie einen Hai gesehen." Dann hielt Ryan inne und sagte: „Nun, ich meine, ich habe noch nie einen im Meer gesehen. Ich war schon oft mit meinen Eltern im Aquarium, und dort gibt es Haie. Die sind aber nicht so groß wie du, Max."

Max lächelte, und sie unterhielten sich eine Weile. Sie erfuhren alles über Haie, und Max erfuhr alles über sie. Keiner von beiden wusste viel über den anderen, und sie hatten sich immer gewundert besser: viele Fragen gestellt.

Ryan war überrascht, zu erfahren, dass die meisten Haie nett sind. „Klar, sie müssen genauso essen wie wir alle, aber sie mögen Menschen wirklich nicht verspeisen", sagte Max und erzählte Ryan, dass sein Lieblingsessen Fisch sei.

„Ich muss los", sagte Max. „Ich bin nur hochgekommen, um etwas zu essen, dann gehe ich wieder runter und warte, bis ich wieder Hunger bekomme."

„Okay", sagten sie alle und dankten Max dafür, dass er Zeit mit ihnen verbracht und sich mit ihnen unterhalten hatte. Aber bevor Max ging, sagte er ihnen, sie sollten aufpassen, da sie ihm ihre Geschichte erzählt hatten und er von Harold wusste.

„Vorsicht vor was?", fragte Ryan. „Nun, ich habe ein Gerücht gehört, dass Harold Euch auf der Insel Dragor nicht finden konnte. Er dachte, ihr müsstet irgendwie von Bord gegangen sein, und hat deshalb seine Freunde um Hilfe gebeten, um Euch zu finden."

Ryan sagte: „Okay, und was bedeutet das?" Max sagte: „Nun, hier unten gibt es nur einen Freund von Harold, wenn er überhaupt einen Freund hat, und das ist der Krake."

„Krake", fragte Ryan, „was ist das?" Reds sagte: „Oh, Ryan, das ist ein Riesenkalmar. Die sind sehr bösartig und können dieses kleine U-Boot leicht versenken."

Ryan dankte Max und sagte, sie würden auf die Krake aufpassen und vorsichtig sein. Max tauchte in das dunkle, tiefe Wasser hinab.

Ryan und die anderen machten sich auf den Weg. Reds sagte: „Wenn wir diesen Weg nehmen, gelangen wir zu den Höhlen. Der Krake wäre dort oder sollte dort sein."

„Aber", sagte Ryan, „würde er uns suchen, wenn Harold ihn darum bittet?"

„Ja", sagte Reds, „aber er ist so groß, dass nur das Riff und das seichte Wasser Euch schützen könnten."

„Nun, ich würde gerne die Höhlen sehen", sagte Ryan, „das könnte das einzige Mal sein, dass ich jemals so tief im Ozean bin."

Reds sagte: „Okay, aber wir müssen sehr vorsichtig sein. Der Krake wird uns sicher versenken, wenn er uns sieht."

Bevor sie loszogen, beschloss Ryan, mit den anderen zu sprechen. „Brian, Leo, kommt her, ich möchte mit euch reden." Also versammelte Ryan sie alle um sich herum und sagte ihnen, dass er gerne die Höhlen sehen würde. Er sagte: „Harold ist hinter mir her, nicht hinter Euch. Wenn Ihr nicht mitkommen wollt oder Euch unsicher fühlt, kann ich Euch zurückbringen. Ich möchte Euch nicht in Schwierigkeiten bringen, ohne dass Ihr wisst, worum es geht. Wir alle wissen, dass Harold es ernst meint und dass er mit der Krake gesprochen hat. Er weiß nicht, dass ich davon weiß. Also überlasse ich es Euch. Ihr entscheidet, und ich werde dann tun, was Ihr wollt."

Brian sagte sofort: „Oh, ich bin dabei. Was für ein Abenteuer!" Leo sah aus, als wollte er etwas sagen, aber dann hielt er inne, nachdem Brian gesprochen hatte. Reds sagte: „Ich komme mit. Das sollte kein Problem sein. Ich bin klein, und wenn Kranky, der Krake, uns erwischt, hoffe ich, dass ich entkommen kann. Ich kann hier unten atmen, ihr aber nicht." Leo schaute nach oben und dann nach unten.

„Alles in Ordnung, Leo?", fragte Ryan. „Nun, es ist beängstigend, aber ich bin dabei. Schließlich bin ich schon seit Deiner Landung auf Dragor bei dir."

Also machten sich die Freunde auf den Weg. Jeder hatte ein Fenster und würde schreien, wenn er Kranky sah. So nannten sie die Krake jetzt.

# Kapitel 10
# Die Höhle

Als sie sich der Höhle näherten, sahen sie keine Spur von Kranky, aber es war dunkel. Als sie die Öffnung der Höhle passierten, hielten sie plötzlich an.

Brain sagte: „Wir bewegen uns nicht, aber der Motor läuft. Was ist los?" Sie schauten alle aus den Fenstern nach vorne und drückten sich dann ganz an die Fenster.

Leo schaute nach hinten. „Oh nein! Es ist Kranky!"

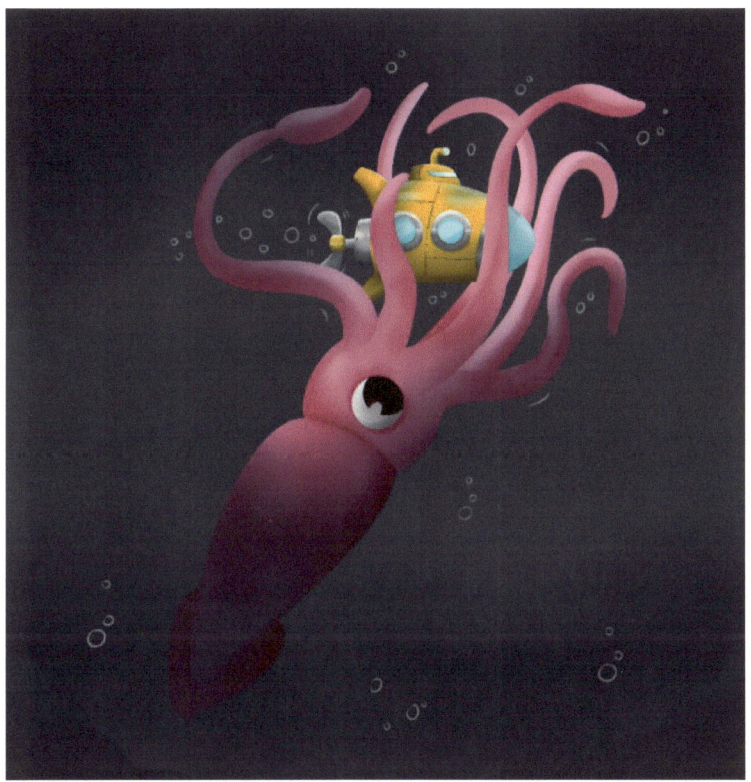

„Was sollen wir jetzt tun?", fragte Brain. Kranky zog sie näher zu sich heran und sagte: „Ich habe gehört, dass Harold Euch gesucht hat. Jetzt habe ich Euch!" Sie sahen sich alle mit Bestürzung in den Augen an. Dann hörten sie Kranky „Aua!" sagen.

Plötzlich war das U-Boot frei. Sie wollten aus der Höhle flüchten, doch als sie sich umdrehten, sahen sie, dass Kranky von einem Otter gebissen worden war.

„Hey! Das kann doch nicht sein, oder? Ist das derselbe Otter, der uns vorhin erschreckt hat?", fragte Ryan. „Ja, das ist er. Warten wir ab und sehen wir nach, ob es ihm gut geht."

Sie sahen zu, wie der Otter stehenblieb und zu Kranky sagte: „Tut mir leid, aber Ihr müsst sie gehen lassen. Sie tun niemandem weh. Harold ist nur ein großer Tyrann, der sie in Ruhe lassen sollte." Während die beiden redeten, wurden der Otter und der Krake freundlicher.

„Lass uns näher rangehen", sagte Ryan.

Leo sagte: „Bist du verrückt?" Ryan sagte: „Nein, schau, sie unterhalten sich, und es ist freundlich. Lass uns hingehen und uns vorstellen." Also näherten sie sich wieder der Höhle. Zuerst schwamm der Otter zum Fenster und sagte „Hallo". Ryan und die anderen grüßten zurück und sagten: „Danke, dass du uns vor Kranky gerettet hast."

„Kranky, wer ist Kranky?" Sie sagten alle: „Der Krake, so nennen wir ihn."

Der Otter sagte: „Wisst Ihr, er hat einen richtigen Namen." Ryan sagte: „Oh, das war nur unser Spitzname. Wir wussten nicht wirklich viel über ihn, außer dass er ein Freund von Harold war." Dann schwamm der Krake heran. Leo trat zurück. Der Krake sagte: „Ich bin kein Freund von Harold. Warum glaubt Ihr das?"

„Nun, uns wurde gesagt, Harold habe dich gebeten, uns zu finden und zu ihm zurückzubringen."

„Ja, das hat er", sagte der Krake, „aber ich hatte nicht vor, das zu tun. Darüber haben Sprinkles und ich gesprochen."

Brian sagte: „Sprinkles, das ist Dein Name!"

„Ja", sagte der Otter, „und das ist Inky. Er ist kein schlechter Kerl, er hat Euch geschnappt und dann habe ich ihn gebissen, weil ich die gleichen Gedanken hatte. Dann hat er mir gesagt, dass er Euch nicht zu Harold bringen würde, sondern dass er einen besonderen Weg durch die Höhle kennt, um Euch zu einer Rakete auf der Insel zu bringen."

„Ist das wahr?", fragte Ryan. „Ja", sagte Inky. „Wenn Ihr wollt, kann ich Euch den Weg zeigen." „Danke, Inky, das wäre sehr hilfreich. Danke, Sprinkles, dass Du uns vor Inky gerettet hast, auch wenn wir das gar nicht gebraucht hätten."

Also machten sie sich alle auf den Weg tief in die Höhle hinein. Der Weg führte nach links und rechts und rechts und links. Es gab viele verschiedene Wege. Ohne Inky hätten sie es niemals aus der Höhle geschafft.

Es war so dunkel, dass sie die Lichter des U-Boots einschalten mussten, um etwas sehen zu können. Sprinkles gesellte sich zu ihnen ins U-Boot, damit er nicht gegen die Wände stieß. Inky war so an die Höhlen und die Dunkelheit gewöhnt, dass er sich problemlos darin bewegen konnte. Dann sahen sie in der Ferne Licht. Als sie näher kamen, sahen sie, dass das Licht von oben kam.

Ryan erkannte, dass sie aus einem alten Vulkan herausgekommen waren, der jetzt ein blaues Loch war. „Was ist ein blaues Loch?", fragte Brian.

Ryan antwortete: „Ein blaues Loch ist ein Unterwasserweg vom Land, wie hier, zum Meer. Es gibt sowohl im Meer als auch hier an Land ein blaues Loch."

„Danke, Inky."

„Kein Problem", sagte Inky. „Viel Glück, die Rakete sollte direkt hinter dem Hügel dort sein. Sie ist vor Jahren hier gelandet. Der Mann an Bord wurde von einem Boot abgeholt, und sie haben sie hier zurückgelassen."

Ryan und die anderen öffneten die Luke und begannen, an der Seite des blauen Lochs hinaufzuklettern und über den Hügel zu steigen. Und tatsächlich, direkt vor ihnen stand eine kleine Rakete.

# Kapitel 11
# Aufstieg in den Weltraum

Alle schauten sich die Rakete die ersten paar Minuten lang an, dann sagte Sprinkles: „Funktioniert sie? Kann jemand damit fliegen?"

Leo sagte: „Ich kann das."

„Was?", sagte Brian. „Ja, Affen sind schon vor den Menschen ins All geflogen, und ich war einer von ihnen. „Schauen wir mal." Von außen sah die Rakete gut aus. Leo kletterte in die Rakete und begann, die Systeme zu überprüfen. Ryan schaute nach, ob sie genug Treibstoff hatten.

„Okay, sieht gut aus", sagten Ryan und Leo.

Ryan sagte noch einmal zu den anderen: „Es könnte gefährlich sein, ihr müsst nicht mitkommen." Aber ohne mit der Wimper zu zucken, sagten sie alle: „Ich bin dabei." Also stiegen Sprinkles, Ryan, Brian, Reds und nun auch Captain Leo an Bord.

Leo begann mit dem Startvorgang und sagte: „Okay, Brian, fang mit dem Countdown an." Die anderen schauten aus den Fenstern, um sicherzugehen, dass alles in Ordnung war.

Brian begann: „Zehn, neun, acht, sieben." Der Raketenantrieb sprang an. „Sechs."

„Jetzt los!", schrie Sprinkles.

„Was ist los, Sprinkles?", fragte Leo.

„Fünf", sagte Brian, während Sprinkles rief: „Harold kommt! Startet jetzt." Leo drückte den Startknopf und sie stiegen auf, hoch hinauf in den Himmel.

Als sie höher kamen, verschwand das Sonnenlicht und es wurde dunkel. Sie hatten den Weltraum erreicht. Ryan sah zu Brian hinüber, der zum Dach schwebte.

„Hilfe, Hilfe!", rief Brian. Ryan sagte: „Keine Angst, das ist im Weltraum ganz normal."

Als sie sich alle beruhigt und an den Weltraum gewöhnt hatten, beschlossen sie, aus den Fenstern zu schauen und zu entscheiden, wohin sie fliegen würden.

„Hey, schaut mal dort in der Ferne", sagte Leo, „ein Planet!" Also sagten sie alle: „Klar, lasst uns wieder auf Entdeckungsreise gehen!"

# Kapitel 12
# Der orangefarbene Planet

Als sie auf diesem seltsamen kleinen Planeten landeten, mussten sie herausfinden, ob sie hinausgehen und ihn erkunden konnten. Sie sahen sich in der Rakete um und fanden Raumanzüge für alle. Es gab einen Ball für Brian. Leo zog einen kleinen Anzug für Kinder an, ebenso wie Ryan.

Reds sagte: „Ich bleibe hier und bewache die Rakete." Sprinkles fand einen Raumanzug für Hunde und zwängte sich hinein.

Sie öffneten die Luke und kletterten die Leiter hinunter. „Wow, wir sind auf einem neuen Planeten. Wir sollten ein Zeichen setzen, das zeigt, dass wir hier waren."

„Klar, aber was?", sagte Sprinkles. „Wie wäre es, wenn wir eine Flagge basteln?", sagte Ryan.

„Vielleicht mit einem Bild von uns allen darauf?"

„Ok, klingt gut", sagte Leo, „aber lasst uns erst einmal auf Erkundung gehen."

Bevor Leo sich bewegen konnte, stand plötzlich etwas vor ihm, das ein bisschen wie ein Hund aussah.

„Beweg dich nicht", sagte Ryan, aber Leo meinte: „Er sieht freundlich aus." Also streckte Leo seine Hand aus und begann, das Wesen zu streicheln, als wäre es ein Hund. Es wurde immer freundlicher und fragte: „Wer seid Ihr?"

„Ich bin Leo, das sind Sprinkles, Brian und Ryan." Das Wesen
antwortete: „Hallo, mein Name ist Buster."

Buster sagte dann: „Wir haben hier nicht viele Besucher."

„Wir?", fragte Ryan. „Ja, mein Freund ist gerade dort drüben am
See. Es war so ein schöner Tag, dass wir beschlossen haben, einen
Tag am See zu verbringen, als ich Deine Rakete hörte. Du weißt
ja, ich habe gute Ohren."

„Kommt mit, ich stelle Euch ihm vor." Also folgten Leo, Brian,
Sprinkles und Ryan Buster zum See, wo sie Busters Freund sahen
und kennenlernten.

„Buster, Buster", sagte er, „wo warst du?" Dann sah er die anderen.

„Wer sind die?", fragte er.

„Pizza", sagte Buster, „ich möchte Dir Leo, Brian, Ryan und Sprinkles vorstellen."

Ryan lächelte und sagte: „Du heißt Pizza?"

„Ja, genau!", sagte Pizza. „Warum willst Du das wissen?", fragte er dann.

Ryan erklärte Buster und Pizza, was Pizza war.

„Nun", sagte er, „wo ich herkomme, essen wir Pizza." Pizza trat zurück und zog seinen Laser hervor.

„Nein!", sagte Ryan, „wir werden Dich nicht essen. Pizza ist ein leckeres Gericht, das wir essen." Dann versuchte er, ein Bild auf den Boden zu zeichnen, und Pizza steckte seinen Laser weg.

Nachdem sie eine Weile über die Erde gesprochen hatten, sagte Pizza: „Okay, es wird langsam spät. Lasst uns schlafen gehen, dann kann ich Euch morgen mehr von diesem Planeten zeigen." Pizza brachte alle zu seinem Haus zurück, und unterwegs hielten sie an und holten Reds aus der Rakete, damit er sich keine Sorgen machte.

# Kapitel 13
# Neue Freunde

Am nächsten Morgen wachten alle auf und frühstückten.

Pizza sagte: „Okay, ich hole mein Fahrzeug."

Plötzlich stand Pizza mit einem riesigen Bus da. „Das ist mein Fahrzeug. Ich habe es aus Teilen gebaut, die ich überall auf dem Planeten gefunden habe. Die Leute kommen einfach her und lassen ihren Müll hier. Ich verwandle den Müll in so etwas wie das hier."

Also stiegen sie alle ein und fuhren mit Pizza am Steuer los. „Was ist das für ein Ding mit all den Knöpfen?",

fragte Leo. „Oh, nun, damit steuert man Dinge wie die Beleuchtung, die Waffen und das Funkgerät."

„Waffen?", sagte Brian. „Oh, nun, ich habe sie eingebaut, aber bisher musste ich sie noch nicht benutzen. Hier draußen haben wir nicht viele Besucher."

„Ihr habt den See gesehen, jetzt kann ich Euch zu den Kratern bringen. Dort kann man toll surfen. Ihr könnt Euch ein Schwebe-Skateboard nehmen und den ganzen Tag damit verbringen, in den Kratern herumzuspringen und herumzufahren. Buster mag das allerdings nicht, er sagt, ihm wird davon schlecht."

Nach der Krater-Episode sagte Pizza: „Hey, was ist das da drüben? Das sieht neu aus? Es sieht so aus, als würde jemand etwas bauen." Sie machten sich auf den Weg dorthin, aber Ryan und die anderen waren etwas unruhig. Sie wussten nicht, ob es sicher sein würde oder nicht.

Als sie dort ankamen, schauten sie alle aus den Fenstern und sahen, dass jemand oder etwas ebenfalls Teile gesammelt hatte und etwas baute, das wie eine Rakete aussah. Pizza stellte das Auto auf „Parken" und sagte: „Bin gleich zurück, ich muss mir das ansehen. Wer sammelt sonst noch Teile und baut etwas daraus??"

Die anderen warteten ein paar Minuten, dann stiegen auch sie aus und sahen sich um.

Buster fing an zu bellen: „Ah, ich habe etwas gefunden!" Sie rannten alle hinüber und unter einem Haufen von Teilen versteckte sich etwas oder jemand. Als sie alle darum herumstanden und versuchten, einen Blick darauf zu werfen, wer oder was es sein könnte, flogen die Teile auseinander und heraus kam ein seltsam aussehendes Objekt. „Ah! Was ist das?", sagte Brian, während er sich hinter Leo versteckte.

Leo sagte: „Ich weiß es nicht, ich habe meine Hände vor den Augen. Ryan, was ist das?" Ryan trat einen Schritt näher und betrachtete dieses kleine Ding, das in der Luft schwebte.

Als Ryan näher kam, piepste das Ding und sagte: „Hallo, ich bin Glopper." Die anderen sprangen zurück, ohne zu wissen, was dieses Ding war oder was es konnte. Jetzt standen alle, sogar Pizza, hinter Ryan.

Ryan sagte: „Hallo, ich bin Ryan" und stellte dann die Gruppe vor.

„Was bist Du?", fragte Reds.

Glopper antwortete: „Ich bin ein Altralink."

„Was ist ein Altralink?"

„Im Grunde bin ich ein Helfer. Ich habe meine Person verloren und bin irgendwie hierher gekommen. Ich habe mich neu gestartet und angefangen, Dinge zu sammeln und zu bauen, um meinen Weg zurückzufinden."

„Warum das Dorf?", fragte Pizza. „Nun, hier gibt es schlimme Stürme, und so dient es als Schutz."

„Oh", sagte Pizza, „auf der anderen Seite haben wir keine Stürme. Du solltest mit uns kommen."

Glopper sagte: „Ok."

Sie verbrachten den Rest des Tages damit, den Planeten zu erkunden, und Glopper machte viele Fotos. Sie waren alle müde von dem langen Tag und kehrten wieder zu Pizzas Haus zurück.

Am nächsten Morgen sagte Ryan: „Ich glaube, es ist Zeit, dass wir nach Dragor zurückkehren." Also fuhr Pizza sie zurück zur Rakete, aber als sie dort ankamen, sprang sie nicht an. Glopper untersuchte sie und sagte: „Ihr habt keinen Treibstoff mehr, und Euer Motor ist kaputt."

Reds geriet in Panik und schrie: „Oh nein, wir sitzen hier fest!" Dann sagte Pizza: „Ihr sitzt hier nicht fest; ich habe ein Schiff und kann Euch nach Dragor bringen. Ihr habt meinen Planeten besucht und gesehen, ich würde gerne Euren sehen und vielleicht Pizza probieren." Sie lachten alle.

Pizza fuhr zu etwas, das wie ein Flugzeughangar aussah, und öffnete die Türen. Dort sahen sie alle ein seltsam aussehendes Schiff.

„Fliegt das Ding?", fragte Leo.

„Oh ja, und es ist auch sehr schnell", sagte Pizza. „Steigt ein, ich zeige Euch alles." Also stiegen alle ein, außer Glopper. Er blieb vor der Tür stehen.

Ryan hielt ebenfalls an, drehte sich um und sagte: „Was ist los, Glopper, komm schon!" Glopper hellte sich auf, was bedeutete, dass er glücklich war. Er sagte zu Ryan, er sei sich nicht sicher, ob er mitkommen solle.

Ryan sagte: „Du bist in unserer Gruppe immer willkommen." Glopper schwebte hinein, und die Tür schloss sich. Pizza führte alle herum. Innen sah es aus wie in einem königlichen Palast. Es gab eine Küche, in der man essen konnte, Schlafzimmer, einen Spielbereich und vieles mehr.

Dann zeigte er ihnen den Kontrollraum und sagte: „Okay, Ryan, setz Dich neben mich und zeig mir den Weg nach Dragor, dann bringe ich Dich dorthin."

„Abgemacht", sagte Ryan, und schon machten sie sich auf den Weg zurück nach Dragor.

# Kapitel 14
## Zurück auf Dragor

Als die Rakete auf einer Lichtung in der Nähe einiger Bäume landete, hörten sie lauten Lärm. „Hey, pass auf, wo du parkst!", schrie jemand. Sie schauten alle aus den Fenstern und sahen einen kleinen Elefanten.

„Entschuldigung!", rief Pizza über den Lautsprecher dem Elefanten zu. „Ich habe Dich nicht gesehen! Wir kommen in einer Minute heraus."

Der Elefant wartete, während sich die Tür öffnete und die verschiedenen Kreaturen herauskamen. „Es tut uns leid, wenn wir Dich erschreckt haben. Wir sind gerade von einer kurzen Reise ins All zurückgekommen, und unser Freund Pizza musste uns zurückbringen, weil unsere Rakete kaputtgegangen ist." Der Elefant starrte immer noch auf diese Menge gemischter Kreaturen.

Ryan kam herbei und stellte sich vor. Der Elefant antwortete: „Hallo. Mein Name ist Parker."

Sie alle lachten. „Parker, nun, du hast uns gut geparkt." Sie lächelten alle und unterhielten sich eine Weile.

Als Parker die Geschichte über Harold hörte, hielt er sie auf und sagte: „Nun, Harold war gerade hier. Ihr solltet nicht zu lange hierbleiben."

Dann sagte Ryan: „Wir werden schon klarkommen, wir haben uns gegenseitig, und Harold ist kein Gegner für uns."

Sie beschlossen, wachsam zu bleiben, aber dort zu übernachten. Dann sagte Ryan, es sei Zeit für ihn, nach Hause zurückzukehren. Leo beschloss, auf Parker zu schlafen. Er dachte, dort oben wäre er sicher. Als sie um das Feuer saßen und redeten, hörten sie ein Knurren. Brian sprang in Ryans Tasche. Buster bellte wie ein Alien und Pizza zog seine kleine Pistole.

Die Büsche öffneten sich und Stripes kam zum Vorschein. Ryan rannte hinüber. „Oh, Stripes, wie geht es Dir? Wir haben Dich vermisst!" Brian streckte seinen Kopf heraus: „Nun, einige von uns jedenfalls." Sie verbrachten die Nacht damit, über ihre Abenteuer zu sprechen und ihre neuen Freunde besser kennenzulernen. Es wurde spät, und alle schliefen ein.

Am nächsten Morgen ging Leo los, um Bananen zu suchen, aber es dauerte nicht lange, bis er zurück zum Lager rannte. „Hilfe, Hilfe, er ist hinter mir her." Er setzt sich zitternd auf Ryans Kopf. „Warte, langsam, wer ist hinter Dir her?" In diesem Moment ertönte das bekannte Zischen durch die Bäume. Harold hatte sie gefunden.

„Nun", zischte er, „endlich habe ich Dich!" Ryan sagte: „Nein, hast Du nicht!" Harold sah verwirrt aus und fragte: „Was meinst Du damit? Ich habe Dich!"

Ryan sagte: „Nein! Du bist hier, aber wir sind ein Team, und wir haben keine Angst vor dir. Wir beschützen uns gegenseitig und kämpfen füreinander." Harold lachte, zischte laut und stürzte sich auf Ryan.

Alle außer Pizza schlossen die Augen. „Buzz", schoss Pizza auf Harold. „Du bist ein gemeiner Tyrann. Wir machen Dich klein und dann sehen wir mal, was Du davon hältst."

Alle hörten das Summen und öffneten die Augen.

Leo sagte: „Wo ist er hin? Hast du ihn erschossen?"

„Nein", sagte Pizza, „ich habe ihn geschrumpft", sagte er und öffnete seine Hand. „Hier ist er."

Leo kletterte herunter und sah ihn sich genauer an. „Oh, schau mal, ist der süß. Kann ich ihn behalten?", fragte Leo. Alle lächelten und sagten: „Klar, aber du darfst ihn nicht ärgern." Harolds lautes Zischen war jetzt so leise, dass man es kaum noch hören konnte.

Ryan sagte: „Seht Ihr, Freunde halten zusammen und helfen sich gegenseitig, wenn es nötig ist. Wir werden immer füreinander da sein."

„Nun", sagte Pizza, „ich muss los. Komm, Buster, wir sollten besser nach Hause gehen, bevor noch andere Fremde vorbeikommen und versuchen, das Haus mitzunehmen." Sie traten alle weit zurück und winkten zum Abschied. Start! Pizza und Buster stiegen wieder in den dunklen Himmel hinauf.

Nach ein paar Minuten hörten sie Joseph über sich fliegen, der nach Ryan suchte. Er landete, und Joseph sah die große Gruppe neu gefundener Freunde. „Hallo zusammen." Joseph kannte die meisten von ihnen bereits von der Insel.

Leo spielte mit etwas Kleinem und lachte viel. Joseph fragte ihn, was er in der Hand habe. Als Joseph hinschaute, sah er eine kleine Schlange. „Harold!", sagte er, „bist du das?"

„Zisch, zisch, ja, ich bin es, setz mich ab." Leo setzte Harold nicht ab, sondern behielt ihn als Haustier.

„Okay", sagte Joseph, „Zeit, zu gehen, Ryan." Ryan war traurig und glücklich zugleich. Er würde seine Freunde vermissen, aber er vermisste das Zuhause. Er sprang auf Josephs Rücken, und sie flogen zurück in Ryans Schlafzimmer.

"Zuhause Joseph" sagte Ryan

# Kapitel 15
# Ryan wacht auf

Ryan hörte seinen Namen leise, dann etwas lauter. Er streckte sich und schüttelte den Kopf. Als er aufwachte, merkte er, dass es seine Eltern waren, die ihn zum Frühstück riefen. „Zeit aufzustehen, wir haben viel zu tun."

Ryan erinnerte sich an seinen Traum. „Was für ein Traum!", dachte er. Dann steckte er seine Hand in die Tasche und autsch, genau wie im Traum. In seiner Tasche war ein kleiner Igel. „Was, wie bist Du da reingekommen?" Ryan war noch nicht ganz wach.

Er rannte mit dem Igel in der Hand die Treppe hinunter, und seine Eltern lachten. „Hast Du den gestern mitgebracht?" Sie waren so beschäftigt und müde vom Umzug in ihr neues Zuhause, dass Ryan das neue Zuhause und den Umzug völlig vergessen hatte. Seine Augen leuchteten auf und er rannte zur Tür hinaus.

Ryan erinnerte sich nämlich daran, dass sie umgezogen waren, weil sein Vater einen neuen Job hatte. Er hatte einen Zoo gekauft. Als Ryan nach draußen rannte, was sah er da? Nun, einen Tiger. „Oh Mann", sagte er, „Hallo Stripes!" Er rannte durch den ganzen Zoo.

Zu seiner Linken war die Schlange: „Hallo, Harold." Dann rannte er zum Aquariumsteil des Zoos, wo er Otter sah. „Hallo Sprinkles, hallo Reds, hallo Kranky, oh, ich meine Inky. Wir wissen, dass Du nicht launisch bist, also nennen wir Dich Inky." Er ging zu einem großen Fenster, und tatsächlich schwamm ein Hai vorbei. „Hallo, Max."

Er lief weiter durch den Park, Parker war auch da. Ein riesiger Elefant. Dann hörte er Affen und rannte hinüber, um einen mit einer roten Mütze zu sehen. Er lachte und sagte: „Guten Morgen, Leo."

Ryan war glücklich, dass alle seine Freunde Wirklichkeit waren. Er konnte sie jeden Tag sehen. Dann hielt er einen Moment inne und dachte bei sich: „Was ist mit Buster, Pizza, Glopper und natürlich Joseph?" Warum hatte er von ihnen geträumt?

Er ging wieder hinein, setzte sich und frühstückte. Nach dem Frühstück sagte sein Vater: „Okay, Ryan, komm mit, ich habe Dein Zimmer fertig eingerichtet." „Mein Zimmer!" Ryan lief die Treppe hinauf zu seinem Schlafzimmer. „Oh nein, Ryan, dein Spielzimmer, komm hier runter."

Ryan ging eine Wendeltreppe hinunter und sah dann ein wunderschönes Zimmer. Es war im Weltraumstil gestrichen, und dort, in der Ecke, standen ein Außerirdischer, ein außerirdischer Hund und eine kleine Maschine, die wie Glopper aussah. Sein Vater schaltete das Licht aus, und alle Sterne und Planeten leuchteten in der Dunkelheit. Wow, da war der Planet aus seinem Traum. Wieder war Ryan glücklich. Jetzt hatte er alle seine Freunde aus seinen Träumen. Aber einer fehlte noch.

Ryans Vater sah sein Gesicht und fragte: „Was ist los?" Ryan erzählte ihm den ganzen Traum, und sein Vater lächelte breit.

„Ich weiß, wer Joseph ist", sagte er, „komm mit mir."

Sie gingen nach draußen zum Lastwagen. Auf dem Rücksitz lag ein blaues Drachen-Stofftier. Ryan lächelte, als sein Vater ihm erzählte, dass dies sein allererstes Spielzeug gewesen sei und er es überallhin mitgenommen habe. Die Liste war vollständig. Ryan hatte einen wunderschönen Traum von seinen alten Spielsachen, seinem neuen Spielzimmer und seinem neuen Zuhause gehabt. Das Beste daran war, dass er wusste, dass sie alle für immer zusammen sein würden.

Jeden Abend ging Ryan glücklich ins Bett und jeden Morgen wachte er glücklich auf, weil er wusste, dass er immer mit seinen Freunden zusammen sein würde. Jede Nacht hatte er einen neuen Traum, der ihn in ein anderes Land oder eine andere Welt führte, und er fand neue Freunde.

Ryan wuchs heran, übernahm den Zoo und bekam selbst Kinder, und eines Tages, sobald sie alt genug wären, würde er ihnen die Welt von Dragor vorstellen.

# Ende